广西全民阅读书系

广西全民阅读书系

詹媛 著　宫奇 绘

中国现代桥梁之父
茅以升

小学版

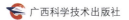
广西出版传媒集团　　广西科学技术出版社

**图书在版编目（CIP）数据**

中国现代桥梁之父茅以升 / 詹媛著；宫奇绘 . -- 南宁 : 广西科学技术出版社 , 2025.4. -- ISBN 978-7-5551-2441-2

Ⅰ . K826.16-49

中国国家版本馆 CIP 数据核字第 20259QT083 号

ZHONGGUO XIANDAI QIAOLIANG ZHI FU MAO YISHENG
中国现代桥梁之父茅以升

总 策 划　利来友

监　　制　黄敏娴　赖铭洪
责任编辑　朱　燕
责任校对　苏深灿
装帧设计　李彦媛　黄妙婕　杨若媛　梁　良
责任印制　陆　弟

出 版 人　岑　刚
出　　版　广西科学技术出版社
　　　　　广西南宁市东葛路 66 号　邮政编码　530023
发行电话　0771-5842790
印　　装　广西民族印刷包装集团有限公司
开　　本　710mm×1030mm　1/16
印　　张　3.25
字　　数　47 千字
版次印次　2025 年 4 月第 1 版　2025 年 4 月第 1 次印刷
书　　号　ISBN 978-7-5551-2441-2
定　　价　19.80 元

在中国科学发展的历史长河中，茅以升是一颗璀璨巨星。他自幼痴迷桥梁，在动荡时代冲破阻碍，远赴海外钻研桥梁知识。学成归国后，面对祖国桥梁建设落后的局面，茅以升勇挑重担。他负责建成的钱塘江大桥，打破了外国专家"不可能"的断言。此后，他还为新中国的桥梁事业培育了大批人才，让桥梁建设的火种在年轻一代工程师心中熊熊燃烧，为我国桥梁事业的蓬勃发展持续注入源源不断的活力与智慧。

现在，让我们走进茅以升的世界，领略这位"中国现代桥梁之父"的卓越风采与伟大精神。

　　1896 年 1 月 9 日，茅以升生于江苏镇江。他自小天资聪慧、富有好奇心。那时，家中大人常打趣说他是从门外乞丐那里捡来的。一次，茅以升见门口有一个乞丐，竟突发奇想，要跟他体验乞讨生活，便大方与乞丐攀谈起来。家人见状大惊，赶忙澄清了之前说的玩笑话。这件童年趣事充分展现了茅以升独特的思维——不盲目轻信，而是主动探寻真相。这为他日后钻研科学奠定了求真的思维基础。

茅以升七八岁时，对未知满怀热忱。家中走马灯里的小动物叶片，因蜡烛点燃而欢快转动，这一现象深深吸引着他。不明缘由的他跑去问父亲，父亲耐心解释说这是因为蜡烛燃烧产生的热气流吹动叶片所致。茅以升灵光一闪，心想多添些热源或许能让小动物转得更快。他随即行动，在小动物下方又添一支蜡烛。果不其然，小动物的转速瞬间加快。茅以升望着眼前的一切，眼中满是兴奋与新奇，自此开启了科学探索的历程。

　　9岁那年的端午节，茅以升因病卧床休息，没能去观看龙舟赛。夜幕降临，小伙伴惊慌地跑回来，告知他秦淮河上的文德桥因挤满观赛人群而坍塌了，多人落水。这消息如重锤砸心，令茅以升痛心不已。闭眼间，落水者的凄惨画面在他脑海里浮现，就在那一刻，他在心底立下宏愿：未来一定要成为桥梁设计师，造出坚不可摧、永不倒塌的大桥，守护人们出行安全。

自文德桥坍塌事件发生后，茅以升便对桥梁格外关注。无论走到哪，只要看到桥，他都会停下脚步，仔细研究其结构设计，日积月累，也就储备了不少桥梁知识。身为水利专家的爷爷见孙子痴迷造桥，便讲了神笔马良的故事给他听。茅以升太渴望"神笔"了，有了"神笔"，双手一挥，一座坚不可摧的桥便可建起来。于是，爷爷趁机引导他要刻苦学习、勤奋探索，持之以恒地朝着自己的梦想努力。

1906年，不满11岁且尚未完成小学学业的茅以升凭借卓越成绩被江南中等商业学堂录取，成为全校年龄最小的中学生。这所学堂是全国屈指可数的新型中学，考试标准严苛，教师皆经精心筛选。在学堂的5年里，茅以升学习刻苦，成绩稳居年级前十，奠定了扎实的科学知识基础。他英文入门迅速，在课余阅读了大量英文书籍，尤其钟情于《莎士比亚戏剧故事集》《鲁滨逊漂流记》等文学作品。

　　此外，茅以升还是体育场上的活跃之星，对踢足球尤为热衷。一到假期，他便去学骑马，不久后便能娴熟地驾驭缰绳，在复杂地形中往来驰骋。无论寒冬还是酷暑，茅以升每日清晨都坚持用冷水洗脸，午后用冷水洗身，久而久之，这成了他终身坚持的强身健体之法。正是这般对体育锻炼的热爱，茅以升练就了强健的身体，为日后在科学领域探索打下了坚实的基础。

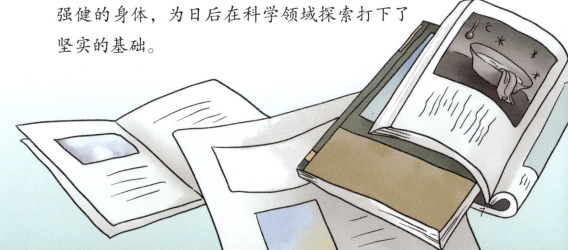

　　茅以升初入商业学堂时，新生按成绩分甲、乙班。成绩优异的他本以为自己能进甲班，不料却被分至乙班。原来，甲班多是富家子弟，茅以升认识到是因自家贫寒才遭此不公，心中愤懑，暗自下定决心一定要在学业上远超他们。后来，茅以升家中经济困难，常难以及时缴纳食宿费，引得富家子弟嘲笑。他虽无言以对，内心却满是不服，更加坚定了努力奋进的决心。

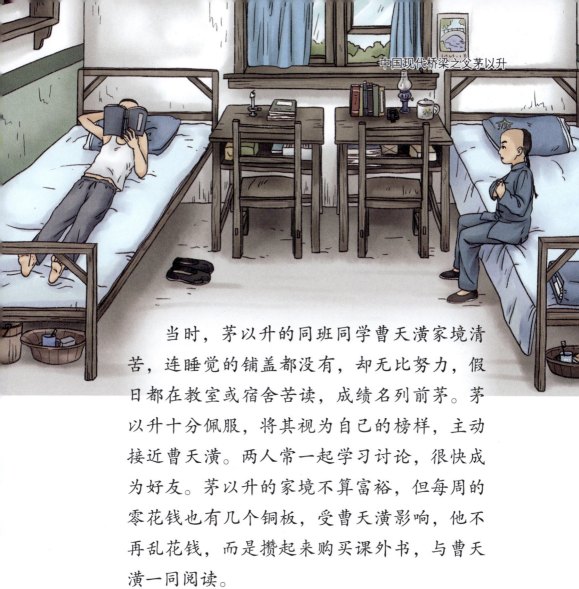

当时，茅以升的同班同学曹天潢家境清苦，连睡觉的铺盖都没有，却无比努力，假日都在教室或宿舍苦读，成绩名列前茅。茅以升十分佩服，将其视为自己的榜样，主动接近曹天潢。两人常一起学习讨论，很快成为好友。茅以升的家境不算富裕，但每周的零花钱也有几个铜板，受曹天潢影响，他不再乱花钱，而是攒起来购买课外书，与曹天潢一同阅读。

中国现代桥梁之父茅以升

　　茅以升的历史老师柳诒徵，学识渊博，讲起课来旁征博引、妙趣横生，令茅以升深深着迷。巧的是，柳先生与茅以升的父亲茅乃登，因同乡之缘结为文化上的至交。基于这份情谊，柳先生对茅以升格外上心。茅以升本就聪慧且好学不倦，很快得到了柳先生的青睐。在柳先生悉心指导下，茅以升一头扎进浩如烟海的史籍资料。日积月累，他的文化修养在历史知识的熏陶下愈发深厚。

中国现代桥梁之父茅以升

　　茅以升的爷爷茅谦深知文学修养对于个人成长的关键作用，每到假期便亲自教茅以升学习古文。他在书写古文时，便让茅以升在一旁仔细观察并记忆，书写完毕后又耐心详细地讲解文意，还严格要求茅以升次日背诵。在爷爷耐心地教导下，茅以升不仅积累了大量的古文知识，记忆力更是突飞猛进。得益于此，他后来竟能将圆周率精确记忆到小数点后 100 位。

1910 年，茅以升升入江南中等商业学堂高等预科，次年夏天毕业。由于听说北京清华学堂招考留美预备生，他当即与同学裴荣约定北上投考。家人因茅以升年仅 14 岁，担心远行有风险，便建议他缓两年再去。茅以升求知心切，极力争取家人同意。母亲深知儿子志向远大，且聪慧有谋，在外可自立，便只好应允。就这样，在母亲的支持下，茅以升毅然踏上自己的逐梦之路。

　　1911 年 7 月 30 日，茅以升告别家人，与好友北上投考清华学堂，不料半途却惊闻考期已过。失望之际，得知唐山路矿学堂招考预科生，二人火速转赴唐山。后来，茅以升以优异成绩被录取为土木工程预科生，时年 15 岁的他，成为该校历史上最年轻的大学生。次年，茅以升转入正科，坚定选择桥梁专业攻读，从此开启了与桥梁事业紧密相连的一生。

　　1912年秋，孙中山莅临唐山路矿学堂视察并发表热情洋溢的讲话。彼时，孙中山在全国进步青年心中堪称伟大人物，茅以升和同学们早已对其满怀崇敬。孙中山谈到，国民革命需两支大军，一为武装起义军，一为建设大军。茅以升深受触动，并认识到学好本领与投笔从戎对国家同等重要。孙中山的这番话为茅以升指明了人生道路，坚定了他献身工程技术的信念。

在大学求学期间，茅以升尽管年龄最小，却凭借刻苦努力，每次考试成绩都名列前茅，年年荣登榜首。1916 年，北洋政府教育部评选优秀工科大学，更名后的唐山工业专门学校荣获第一名。同年夏，茅以升以极为优异的成绩毕业，其中一门功课甚至考出 120 分的高分。在这所极具影响力的高等学府里，茅以升的卓越表现令人赞叹。

从唐山工业专门学校毕业后，茅以升成功考取清华学校官费留美研究生资格，前往美国康奈尔大学攻读土木工程专业。1916年9月，茅以升与其他学生一起登上"中华号"远洋客轮，横渡太平洋。历经20多天的颠簸，客轮终于抵达美国西部港口城市旧金山。众人在此分别，各奔前程。茅以升转乘列车，前往美国东部的伊萨卡，那里正是康奈尔大学所在地，他将在这片新土地为自己的造桥理想继续深耕求学。

　　康奈尔大学作为世界性知名学府，汇聚了来自十几个国家的优秀留学生。茅以升作为唐山工业专门学校首名来此注册报到的研究生，刚入校便遭到质疑。学校教授直言："唐山工业专门学校？闻所未闻！你必须通过考试才能注册！"就这样，茅以升用实力说话，考试成绩独占鳌头。他的出色表现令校方刮目相看，为此，他们还特别规定，往后凡是唐山工业专门学校的毕业生皆可免试直接入学。茅以升凭借自身实力打破偏见，为母校争得荣誉，也在这所世界名校站稳了脚跟。

  在康奈尔大学，茅以升一开始还不时受到周围同学的质疑，但他凭借坚定意志与不懈努力，仅耗时一年便攻克本需三年完成的学业，成功斩获硕士学位。同时，他不满足于本专业内容，主动钻研高阶结构学、水利工程等众多内容。这些知识紧密关联桥梁设计，能帮助他更透彻地掌握桥梁知识体系。毕业后，茅以升奔赴匹兹堡的桥梁公司实习，在一线工地潜心学习桥梁建设技术，通过实践不断积累经验，为日后投身桥梁事业夯实了根基。

　　为深入钻研桥梁知识，1917 年，茅以升继续报考卡内基理工学院（今卡内基梅隆大学）夜校班攻读博士学位。他白天在桥梁公司上班，晚上在学校上课，有一次在图书馆阅读时，还曾因太过投入忘记时间而被锁于馆内。经过两年多苦读，茅以升凭借优异成绩毕业证明了自己。2006 年 4 月，卡内基梅隆大学为表彰茅以升不仅在学术和工程领域成就斐然，还毫无保留地将知识传授给后人，培育大批桥梁工程人才，在校园设立茅以升雕像，使其严谨治学的态度在校园代代相传。

　　1919 年秋，茅以升从美国留学归来后，回到母校唐山工业专门学校任教。授课时，他为追求最佳效果，讲解概念清晰、逻辑严密，常以趣味事例阐释理论，以帮助学生理解知识。他重视与学生建立良好关系，鼓励学生指出自己的不足之处并积极改进，借此精准掌握学情。他还鼓励课堂提问，在实践探索中形成了自己独特的教学方法，深受学生喜爱。

在每堂课开始的 10 分钟，茅以升都会让一名学生提出疑难问题，以此判断其对课程知识的掌握程度。若是问题精妙能难倒他，学生便得满分；若提不出则换另一名学生提问，让前一名学生作答。这种教学方式激发了学生的学习热情，促使他们深入思考。渐渐地，同学们提的问题越来越有深度，茅以升一一剖析并解答。全班学生的知识视野得以拓展，课堂氛围浓厚，学习效果大幅提升。

院长
茅以昇

1927 年 2 月，茅以升应大学院院长蔡元培之邀，赴天津北洋大学代课，成为专职教授。1928 年，北洋大学更名为国立北平大学第二工学院，茅以升出任院长；后学校复名国立北洋工学院，他仍主持院务。当时学校受时局与学潮冲击，长期停课，茅以升对此进行了全面深入的整顿，经不懈努力使教学管理重回正轨。

　　1929 年 3 月，学校突发大火，一座教学楼被焚，地质科和工矿科设备损毁严重，教学陷入停滞。身为院长的茅以升心急如焚，四处奔走，成功争取到了 10 万元拨款，并迅速用于购置设备、重建大楼，使学校教学秩序快速恢复。

　　针对当时学校里的教授普遍外出兼职的现象，茅以升提出专职教师应专注本校教学，以保障教育质量。然而，这一合理提议却遭到部分教员强烈反对，管理层也未给予大力支持，推行工作面临重重困难。

　　1930 年，茅以升抵南京后即任江苏省水利局局长，负责江苏地区的水利建设与管理相关工作。1931 年 7 月，淮河发大水，他全力投入治水规划。同年 8 月 31 日，狂风致淮河大堤垮塌 30 多处。因治水成效不理想，茅以升愧疚不已，主动担责并提出辞职。1932 年 1 月，他赴天津任大陆银行实业部主任，同时在国立北洋工学院兼课任教。同年 8 月，他辞去银行职务，受聘为专职教授，毅然回归教育，全身心投入培育人才的使命。

　　茅以升归国后，职务虽频繁变动，却始终未能投身桥梁建设工作，难以施展抱负。虽说在教学与管理方面的出色表现让茅以升成为教育界名人，可造桥理想落空，令他满心遗憾。就在茅以升对造桥理想近乎绝望之际，命运的转折悄然降临。

　　1933 年，一个建桥的机会终于摆到了茅以升的面前。然而，他人生首座要建的桥竟是架在钱塘江之上。钱塘江素以波涛汹涌闻名，建桥需直面接连不断的潮汐、江底流沙，以及湍急水势等诸多难题。当时，许多外国桥梁专家断言，在钱塘江上建桥是不可能完成的任务。但茅以升怀揣一颗炽热的报国之心，毅然接受了这一艰巨挑战。他决心凭借自身所学，打破这一"不可能"，为祖国的桥梁事业开拓新篇章。

　　1934 年 8 月 8 日，钱塘江大桥动工兴建。恶劣的自然条件成为工程建设的拦路虎，汹涌潮汐、江底流沙等问题接踵而至，战时日军飞机还频繁侵扰，建桥之路困难重重。好在有科研团队、施工人员等众多伙伴在技术、后勤等各方面给予的支持与配合，茅以升才得以全身心投入。因战争局势严峻，身为设计师的他深谋远虑，在桥墩上预留了放置炸药的长方形空穴，未雨绸缪应对随时可能爆发的危机。

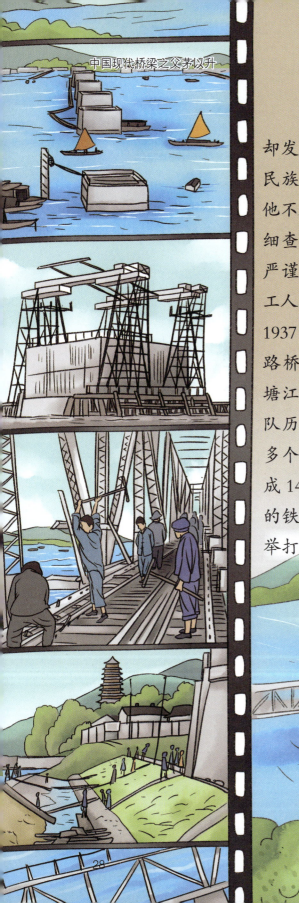

建桥之路荆棘丛生，茅以升却发出誓言："钱塘江大桥关乎民族荣耀！"为保证施工精准，他不顾危险亲自下沉箱实地勘察，细查钢架、铆钉的装配情况。其严谨与亲力亲为，极大地鼓舞了工人，保障了工程的质量与进度。1937年9月26日，钱塘江大桥铁路桥通车；同年11月17日，钱塘江大桥公路桥通车。茅以升团队历经三年零一个月，攻克八十多个难题，在汹涌的钱塘江上建成1453米长、9.1米宽、7.1米高的铁路、公路双层两用大桥，一举打破外国人独建钢铁桥的神话。

　　然而，战乱年代，钱塘江大桥建成不久，旋即沦为悲惨见证。1937年12月23日，为阻止日军南侵，茅以升接到炸桥令。虽早有预留设计，但"开通即炸"仍令他惊愕万分。他满含悲痛，泪水潸然而下。这座凝聚无数国人心血的自主设计大桥，在茅以升的一声令下被炸毁了。悲愤之下，茅以升高呼"抗战必胜，此桥必复！"，尽显不屈信念。

钱塘江桥工程记

茅以升深知建桥资料的重要性，为严防日军修复大桥，他毅然随身带走十四箱珍贵资料。此后数年，他虽辗转多地，频频遭遇敌机空袭，可无论环境何等恶劣，他悉心保管的这些资料始终未曾有丝毫缺损。日军占领钱塘江两岸后，妄图修复大桥，组织施工队多次尝试。后来，大桥虽勉强修复通车，然而日军始终难以企及茅以升此前造桥的质量与水准。

　　1946 年春，茅以升担任钱塘江大桥桥工处处长，带着十四箱珍贵资料回到杭州，投身钱塘江大桥的修复工程。为圆满完成任务，他与专家研讨、四处考察，克服重重困难，最终于 1948 年顺利修复大桥。

　　钱塘江大桥的建造、守护、修复的全过程，彰显了茅以升的坚韧品质与爱国情怀，更成为铭刻时代精神的不朽丰碑。

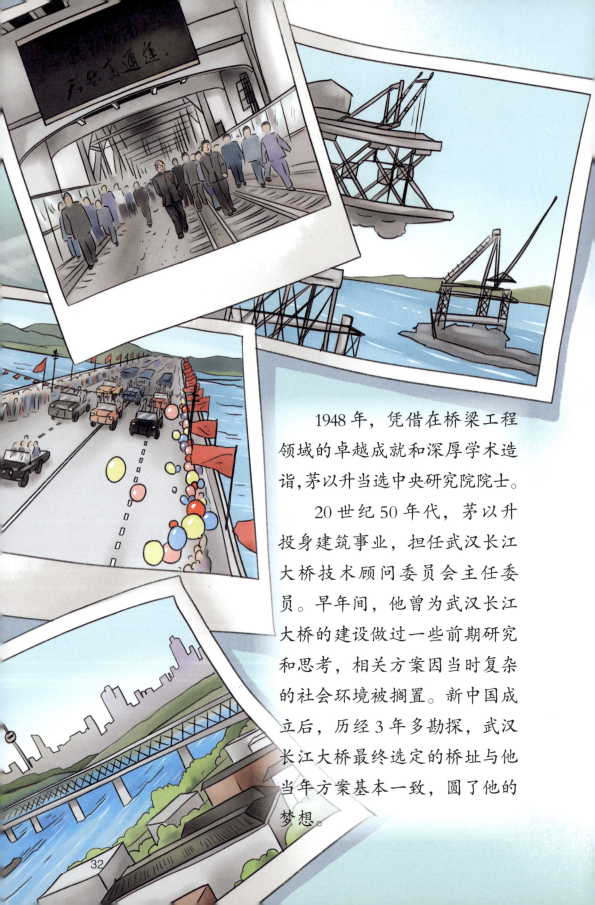

1948 年，凭借在桥梁工程领域的卓越成就和深厚学术造诣，茅以升当选中央研究院院士。

20 世纪 50 年代，茅以升投身建筑事业，担任武汉长江大桥技术顾问委员会主任委员。早年间，他曾为武汉长江大桥的建设做过一些前期研究和思考，相关方案因当时复杂的社会环境被搁置。新中国成立后，历经 3 年多勘探，武汉长江大桥最终选定的桥址与他当年方案基本一致，圆了他的梦想。

　　1958年10月，人民大会堂建设工程在北京启动。作为新中国成立10周年大庆的"十大建筑"之首，人民大会堂力求在1959年10月1日新中国成立10周年庆典时投入使用。在工程紧张的建设过程中，茅以升作为结构审查组组长，牵头组织专家团对工程进行全面检查评估，以确保工程质量与结构安全。他与相关专家研讨后提出修改意见，拟定报告书呈给北京市人民委员会与周恩来总理。周总理审阅后，郑重要求茅以升组长签名以保证工程质量与安全。茅以升深知这是周总理对自己的高度信任，顿感责任如山。此后，他全身心投入工作，严格把控每个环节。直到人民大会堂在新中国成立10周年庆典期间成功经受住考验，茅以升悬着的心才彻底放下，并由衷地为这一成果感到高兴。他以实际行动不负周总理所托，为人民大会堂的顺利建成贡献了关键力量。

　　1958年，中国科学技术协会成立，茅以升担任副主席。新中国成立前，他在多所大学任职，主持土木工程学会工作。欧美同学会成立后，茅以升任会长，积极联络海外华侨科技工作者，鼓励他们为祖国建设出力，为汇聚科技力量不懈奋斗。

　　茅以升堪称我国科普工作的先驱。新中国成立前尚无"科普"之名，他却已自觉投身其中，积极撰写大量科普作品，引领青少年走进科学世界，激发他们对科学的热爱。与此同时，他为促进中外科技文化交流、增进各国人民友谊，常年奔波忙碌。即便到了晚年，茅以升仍心系国家科技发展，将"架起桥梁"视为最后的心愿。他倡议中国科学技术协会与外界建立纽带，引入海外前沿科研成果，为充实祖国科技版图，努力构筑一座坚实且畅通的"科技之桥"。

中国现代桥梁之父茅以升

科学

　　1962 年，66 岁的茅以升向周总理提出入党申请。总理笑着欢迎，同时提醒他思考入党对工作的影响，认为他留在党外能更好发挥自身影响力。茅以升经慎重考量，决心继续以自己的方式为党和国家的事业努力奋斗。他以党员标准严格要求自己，凭借自身的影响力联系海内外人士，推动 50 多位留学生归国，助力祖国建设与统一大业，为国家的发展贡献了巨大力量。

　　1985 年 11 月 22 日，近 90 岁高龄的茅以升再次郑重提出心底深埋已久的愿望，正式递交入党申请书。这位满怀爱国热忱的知识分子，对中国共产党满怀无限向往与信任，深爱着祖国和人民。1987 年 10 月 12 日上午，中共中央统战部在统战部礼堂会议室为茅以升举行庄严的入党宣誓仪式。党旗下，他高举右手，逐字宣读誓词，实现了入党梦想，激动得宛如一个热血青年。

　　茅以升一生都在为祖国奋力架桥。他在江河之上建起实用桥梁，让天堑变通途；积极推动科技在人民中的普及，搭建知识传播之桥；全力联结海内外科技人员，构筑人才汇聚之桥；更将祖国统一大业常挂心间，努力搭建起海峡两岸沟通之桥。在教育、科普、土木工程、桥梁建设及科学交流等诸多领域，茅以升的卓越贡献与崇高精神影响深远，成为激励后人奋进的不朽丰碑。

　　1989 年 11 月 12 日，科学巨擘茅以升于北京溘然长逝，他的离去如流星划过夜空，留下了无比绚烂的光芒与永恒的遗产。

　　12 年后，即 2001 年，国际小行星中心发布公告，将 1997 年 1 月 9 日发现的一颗小行星命名为"茅以升星"。这颗以茅以升的名字命名的小行星，在浩瀚宇宙中向世人昭示着他的卓越贡献，光耀苍穹。

　　"人生一征途耳，其长百年，我已走过十之七八。回首前尘，历历在目。崎岖多于平坦，忽深谷，忽洪涛，幸赖桥梁以渡。桥何名欤？曰奋斗。"正如茅以升晚年的感慨，他的一生是对奋斗最好的诠释。

　　2019 年 9 月 25 日，茅以升获评"最美奋斗者"称号，此乃实至名归。他毕生奋斗不止，不仅在江河之上架起座座大桥，更在人与人、国与国之间搭建起理解、友谊、报国及科技文化交流的桥梁。茅以升虽已远去，但其精神如不朽之桥跨越时空，激励着一代又一代人为梦想而拼搏。

中国现代桥梁之父茅以升

延伸阅读

钱塘江大桥

### 1. 设计巧妙

设计钱塘江大桥时，茅以升展现出了非凡的智慧与前瞻性。这座双层的公路、铁路两用桥，上层通汽车，下层跑火车，在当时的中国桥梁建设领域堪称创举。这种独特的设计不仅满足了当时交通多样化的需求，更为日后的运输发展奠定了基础。钱塘江大桥建成后，一度成为运输物资的关键通道，无数军需物资和人员通过它得以输送，为抗战做出了不可磨灭的贡献。

### 2. 克服难题

面对钱塘江极为复杂的地质和水文条件，茅以升没有丝毫退缩。江底厚厚的流沙和汹涌的江水成为建桥路上的拦路虎，茅以升凭借深厚的专业知识和创新精神发明了一系列巧妙的方法。

射水法犹如神来之笔，利用高压水枪的强大冲击力将桩快速打入江底流沙，使打桩效率从每天 1 根跃升至每天 30 根，大大加快了工程进度。沉箱法是建桥的关键技术之一，即先预制钢筋混凝土沉箱，将其浮运至桥墩位置，通过灌水使其下沉至江底；然后在沉箱内浇筑混凝土，从而形成坚实的桥墩基础，有效解决了在复杂的江底条件下建造桥墩的难题。浮运法则是利用潮水涨落来架设钢梁的巧妙方法。涨潮时，将钢梁置于船上运至桥墩附近，待潮水涨到合适高度时，将钢梁准确移到桥墩上。

该方法借助自然力量，节省了成本与人力，提高施工效率，是桥梁建设技术的一大创举。

### 3. 爱国之举

为阻挡日军的南下，茅以升怀着巨大的悲痛，亲自下令炸毁了这座凝聚着无数人心血的大桥。但他的心中始终怀着坚定的信念："抗战必胜，此桥必复！"这份爱国情怀和对桥梁事业的执着，支撑着茅以升在抗战胜利后又全身心地投入到大桥的修复工作中，最终让大桥再次屹立在钱塘江上。

## 武汉长江大桥

### 1. 巧妙设计

武汉长江大桥同样采用公路、铁路两用的双层结构。上层宽阔的公路桥车道规划合理，日常车水马龙，使得城市两岸的居民出行、货物运输更加便捷；下层的铁路桥则凭借高规格设计，承载着一列列列车风驰电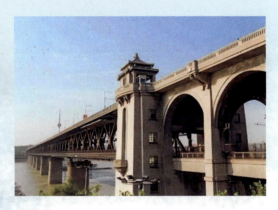掣，无缝对接南北铁路干线，贯通经济发展的交通动脉。这种独特设计在有限的江面上巧妙融合了公路、铁路两大交通体系，既满足了不同运输需求，又最大化利用了空间资源，是现代桥梁设计的经典范例。

### 2. 克服难题

武汉长江大桥的建设同样面临复杂的地质与水文条件，江底岩层起伏，水流湍急。茅以升凭借丰富经验和智慧助力解决各种难题。

在基础施工中，茅以升采用管柱钻孔法，通过将大型管柱下沉到江底，钻孔后灌注混凝土以形成稳固基础，克服了复杂地质带来的挑战，确保了工程顺利推进，为大桥建设奠定坚实基础。

### 3. 爱国之举

茅以升不辞辛劳，深入一线，与建设团队共同攻克难关。面对困难，他始终坚定信念，以"一桥飞架南北，天堑变通途"的决心激励众人。茅以升的精神激励着一代又一代桥梁人勇攀科技高峰，为国家交通事业贡献力量。

## 人民大会堂

### 1. 巧妙设计

茅以升作为人民大会堂结构审查组组长，凭借深厚的专业知识和丰富的实践经验，对人民大会堂的结构设计进行了全面审核。他从力学原理等方面出发，确保人民大会堂的结构能够稳固承载巨大的重量，满足使用寿命不少

于350年的要求，为人民大会堂的长久使用提供了坚实的结构保障。万人大礼堂宽76米、深60米、中部高32米，如此大的空间里没有一根柱子，无论从哪个方向都能无遮挡地看清主席台。茅以升参与了相关结构设计的研讨和审核，在解决大跨度空间的结构承重问题上提供了关键的技术支持和专业建议，使得这种独特的设计得以实现。此外，巨大的穹顶上有几百万个小小的吸声孔，使大礼堂的屋顶变成了一块巨大的吸音板，能吸走主席台上发出的多余音波，不但没有回声还能留点"混响"，让坐在每个角落的人都能清晰准确地听到发言人的声音。茅以升在结构设计中考虑到了声学效果的需求，对吸声孔的布置、结构与声学效果的

协同等方面进行把关，确保了声学设计的科学性和有效性。

### 2. 克服难题

人民大会堂的建设工期非常紧张，从提出方案到开工仅一个多月，且要在 1959 年国庆节时投入使用。茅以升需要在短时间内完成对复杂结构设计的全面审查核算工作，这对他的工作效率和专业能力都是巨大的挑战。另外，当时人民大会堂采用"边设计、边施工、边备料"的非常规建设方式，不仅时间紧任务重，且要求所用材料全部为国产。茅以升在结构设计方面严格把关，凭借自己在土木工程领域的卓越才能解决了一系列复杂的技术问题，确保在材料和施工条件有限的情况下人民大会堂的结构安全和稳定性。

### 3. 爱国之举

茅以升对工作极其负责，以高度的爱国热情和使命感投入到人民大会堂的设计审查工作中。他深知人民大会堂作为国家重要的政治和文化场所的重要意义，代表着国家的形象和尊严。他以严谨的态度对待每一个设计细节，认真履行结构审查组组长的职责，全力保证工程质量。茅以升为人民大会堂的顺利建成贡献了积极力量，向世界展示了中国建筑的高水平。

## 学术贡献

### 1. 著作丰富

茅以升撰写了大量的学术著作，如《桥梁次应力》《钱塘江桥》《中国的古桥与新桥》等。这些著作系统地阐述了桥梁工程的理论与实践，为我国桥梁事业的发展提供了宝贵的资料。

### 2. 开创理论

"茅氏定律"是茅以升在研究桥梁结构时

发现的一个重要规律。我们可以把桥梁想象成一个由很多根棍子（专业名称为"杆件"）组成的大架子，当有东西压在桥梁上时，这些因杆件受力会发生一些变化。以前大家只知道主要的力是怎么作用的，但除了这些主要的力，茅以升发现还有一些不太容易被注意到的力会在杆件的连接地方产生，这些力就叫"次应力"。经过深入研究，茅以升找到了一种准确计算这些次应力的方法，还总结出了相关的理论。这个理论让人们能够更清楚地知道桥梁在各种情况下的受力情况，从而把桥梁设计得更加安全、坚固。这就是"茅氏定律"，它能帮助工程师更好地建造桥梁，让桥梁能够承受住各种外力，长久地为人们服务。

### 3. 注重传承

茅以升长期投身教育事业，在多所高校任教，以渊博的学识和丰富的实践经验深入浅出地讲解桥梁工程知识，为学生了打下坚实的专业基础。此外，茅以升还积极鼓励学生开展学术研究，培养他们的创新思维和解决问题的能力。在茅以升的悉心指导和培养下，他的许多学生后来成为我国桥梁工程领域的栋梁之材，为我国桥梁事业的蓬勃发展提供了强大的人才支撑。